LA MORT

DU DUC

MATHIEU DE MONTMORENCY.

Chant Elégiaque

PAR

J.-G. CAPPOT DE FEUILLIDE.

PARIS

URBAIN CANEL, LIBRAIRE,
RUE SAINT-GERMAIN-DES-PRÉS, N. 9.
POTEY, LIBRAIRE DE S. A. R. MONSEIGNEUR LE DAUPHIN,
RUE DU BAC, N 46.

1826

Imprimerie de J. Tastu.

LA MORT

DU DUC

MATHIEU DE MONTMORENCY.

IMPRIMERIE DE J. TASTU,
RUE DE VAUGIRARD, N. 36.

LA MORT

DU DUC

MATHIEU DE MONTMORENCY.

Chant Élégiaque

PAR

J.-G. CAPPOT DE FEUILLIDE.

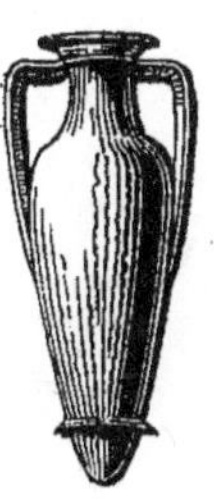

PARIS

URBAIN CANEL, LIBRAIRE,

RUE SAINT-GERMAIN-DES-PRÉS, N. 9.

POTEY, LIBRAIRE DE S. A. R. MONSEIGNEUR LE DAUPHIN,

RUE DU BAC, N. 46.

✻

1826

« Transiit Benefaciendo. »

Dans les fers, dans l'exil, dans le palais des Rois,

Durant les jours maudits où triomphe le Crime,

Les Justes font briller les splendeurs de la Croix,

Comme un phare élevé sur le bord de l'Abîme.

Leur vie est un combat dont l'arme est la Vertu.

Ils passent en donnant un exemple sublime :

L'Impiété se tait, le Vice est confondu.

Mais quand leur mission dans ce monde est remplie,

Dieu leur fait une mort sainte comme leur vie :

La Tombe !... c'est pour eux le sommet du Carmel,

C'est le char enflammé d'où le prophète Élie

    S'élançait aux portes du Ciel.

O vous, que le vulgaire adore,

Naissance, Rang, Fortune, Honneurs plus vains encore,

De vos titres pompeux faites taire l'orgueil !

Foi sincère, Candeur, Loyauté, Modestie,

Bienfaisance, Amitié, seuls besoins de sa vie,

MONTMORENCY n'est plus !.... Entourez son cercueil.

Est-il des droits sacrés qu'il ne sut pas défendre ?

Où sont les malheureux qu'il refusa d'entendre ?

Que de fois, dans la nuit, du faîte des grandeurs,

Sous d'obscurs vêtemens, il se plut à descendre

Dans l'asile où le pauvre exhalait ses douleurs.

Souvent, les prisonniers dont il touchait les chaînes

Ont cru, dans les horreurs de la captivité,

Voir veiller auprès d'eux, pour adoucir leurs peines,

L'Ange de l'Espérance et de la Liberté.

Son regard au Muet expliquait la parole,

Et l'Aveugle, écoutant un discours qui console,

Des Cieux, voilés pour lui, devinait la beauté.

Plein de zèle et de foi, des pages du Saint Livre,

Partout, il répandit les fertiles leçons;

     Et la morale qui fait vivre

Pour les jours éternels prépara ses moissons.

Ainsi, faisant le bien et pratiquant l'aumône,

Le Juste qu'ici-bas nous pleurerons toujours,

Aux pieds des saints Autels, près des marches du Trône,

Comme il les commença devait finir ses jours.

Noble Montmorency, des Chrétiens le modèle,

A l'heure trois fois sainte où mourut le Sauveur,

Quand devant son tombeau, dans ton ame fidèle,

Tu puisas, pour prier, une force nouvelle,

    Tu disais sans doute au Seigneur :

« Veille sur l'Enfant-Roi ! Permets que sa jeunesse

» Apprenne de ma bouche à t'avoir pour soutien.

» Dans cet immense honneur, effroi de ma faiblesse,

» O Dieu de force et de sagesse,

» Ayde au premier Baron Chrestien ! »

Mais tu n'achevas pas.... Tu tombas sur la pierre.

Un Ange descendit qui te ferma les yeux ;

Et sur l'aile de la Prière,

Ton ame, en souriant, remonta dans les Cieux.

Oh ! dans la France, alors, que de larmes coulèrent !

Du monde à nos regrets les regrets se mêlèrent,

Et nous vîmes des pleurs mouiller les yeux des Rois.

O sublime pouvoir de la plus belle vie !...

Le Faible et le Puissant, le Chrétien et l'Impie

Autour d'un char de mort se pressent à la fois.

Aux lueurs des flambeaux, les funèbres cantiques

Ont déjà retenti sur les parvis sacrés.

Prêtres ! agrandissez le temple et les portiques

Dont la foule, en priant, inonde les degrés.

Riches, dont les plaisirs étaient pour lui sans charmes ;

Pontifes qui pleurez ; citoyens sous les armes ;

Nobles chefs, qui jetez de longs voiles de deuil

Sur l'écusson antique où des palmes divines

Ombragent les drapeaux enlevés à Bovines,

Laissez, laissez venir près du Juste au cercueil

L'Infirme, le Vieillard, l'Enfant, la Jeune Fille,

Tous les infortunés dont il fit sa famille,

Les Pauvres ses amis, les amis de son Dieu.

Oh! qu'ils sont éloquens dans leur suprême adieu!

Leurs longs gémissemens suivis d'un long silence;

Leurs mots formés sans art, d'où la plainte s'élance;

Leurs sanglots, leurs soupirs et leurs fronts abattus

Du Chrétien dans la tombe honorent les vertus.

Ceux pour qui la parole est un profond mystère,

Par des gestes plaintifs font parler leurs douleurs,

Et, ne rencontrant plus la main qui leur fut chère,

Ceux que du Ciel, jamais, ne charma la lumière,

De leurs yeux sans regard laissent tomber des pleurs.

Pour le glorifier Dieu te mit sur la terre,

O toi, des affligés le refuge et le père :

Tu remplis ses desseins.... Sois loué dans les Cieux !

C'est là que désormais te chercheront nos vœux.

Et moi, qui de ta bouche obtenais un sourire,

Quand les chants de l'exil résonnaient sur ma lyre ;

    Moi, qui te vis à peine un jour,

Assez pour tes bienfaits, trop peu pour mon amour,

Chaque fois que le cours d'une nouvelle année,

Hélas ! ramènera la fatale journée

    Où tu descendis au cercueil,

Réveillant de mon luth l'accent plaintif et tendre,

J'irai, sur le gazon où repose ta cendre,

Redire tes vertus et mon hymne de deuil.